Des circonstances atténuantes dans leurs rapports avec la peine de mort.

RÉPLIQUE

DE M. LE PROCUREUR GÉNÉRAL DE BIGORIE DE LASCHAMPS. (1)

M. le Procureur général réplique immédiatement, en ces termes :

Si je n'avais à discuter que les arguments de la défense inhérents au crime lui-même ou à la culpabilité des accusés, je ne prendrais pas, de nouveau, la parole. Votre conviction doit être faite et jamais démonstration d'un attentat, solidarité des agents n'ont été plus fortement établies, par les enquêtes, par toutes les circonstances de la cause. Joseph Steinkampf et Charles Haas sont bien là devant vous, tels qu'ils y étaient, avant les plaidoiries de leurs conseils, rivés ensemble dans la consommation du parricide.

Mᵉ Sée, avocat d'Anne-Marie Steinkampf, n'a pas été, ne pouvait pas être plus heureux en essayant de détourner de sa cliente la complicité légale si clairement caractérisée aux débats. Vous n'êtes pas un tribunal de juristes et la longue discussion

(1) Extrait du *Droit* et du *Journal du Haut-Rhin.*

sur l'article 60 du Code pénal à laquelle l'honorable défenseur a cru devoir se livrer, ne saurait être pour vous d'un très-grand intérêt. Vous êtes juges du fait, de la vérité des circonstances relevées dans l'acte d'accusation. Il me suffit donc de justifier, à la charge d'Anne-Marie Steinkampf, l'exactitude des termes et du fond de cette accusation; et si je rappelle à M. le défenseur que les questions qui vont être posées au jury, par suite de l'arrêt de renvoi, sont littéralement extraites des paragraphes 1 et 3 de l'article qu'il a invoqué lui-même, il ne lui restera plus que la tâche impossible de prouver au jury qu'Anne-Marie Steinkampf n'est pas coupable de cette complicité. J'accuse cette femme, vous le savez, d'avoir par «dons, promesses, machinations ou artifices coupables, provoqué au parricide ou donné des instructions pour le commettre;» je l'accuse d'avoir «avec connaissance, aidé ou assisté les auteurs de l'action dans les faits qui l'ont préparée, facilitée ou consommée». Telles sont les expressions de la loi pour qualifier la complicité punissable et la portée en est si nette, si matériellement, si moralement applicable à l'espèce que toute controverse et oiseuse. Vous n'oublierez pas d'ailleurs que non-seulement Haas et son défenseur, Me Fleurent, mais encore le défenseur de Joseph Steinkampf, Me Mathieu, d'accord avec le ministère public sur ce point, n'ont cessé d'imputer à Anne-Marie, avec l'initiative du crime, une responsabilité considérable dans sa perpétration. Quel intérêt, Anne-Marie, voulez-vous que Haas ait à vous accuser? Vous n'indiquez vous-même aucun motif à ce prétendu mensonge qui serait abominable; nous savons, au contraire, dans quelle affinité, dans quelles liaisons intimes vous avez vécu avec Haas. Ce que veut cet homme, et il ne le nie pas, ce qu'il a voulu dès la première heure, c'est que votre sort à tous soit commun ; s'il doit légitimement tomber jusqu'au fond des abîmes, il ne veut pas, sans doute, que vous puissiez l'y voir rouler en vous moquant de sa crédulité ; il prétend que la résolution du crime, que son expédition ayant été égales entre vous, votre mari et lui, le châtiment doit être égal. Pour n'être pas d'une abnégation surhumaine, cette thèse n'en est pas moins logique et vraie. Enfin, Messieurs, rappelez devant vos souvenirs tous les témoins produits par l'accusation. Voyez d'ici ces jeunes femmes répondant toutes à la même question de M. le Président: «Oui, nous croyons qu'Anne-Marie a poussé à faire le coup.» Ce sont d'honnêtes femmes, celles-là: leur âme est franche, leur cœur est droit: tout en elles est contraste avec la malheureuse que j'accuse : tout, jusqu'à leurs mains brunies par le soleil et le travail, alors qu'Anne-Marie Steinkampf, leur criminelle voisine, nous montre, dans ses gestes de dénégations, les mains blanches de la paresse.

L'accusation n'avait donc pas été ébranlée, elle ne pouvait l'être, et si la défense ne fût pas sortie de ses limites, je n'aurais pas eu à demander à votre attention un surcroît inutile d'épreuves. Mais deux de MM. les avocats, dans la situation de détresse où les plaçait cette terrible affaire, n'ont pas su se maintenir sur le terrain légal de la défense. Je comprends bien les angoisses d'un défenseur: Les plus belles années de ma jeunesse se sont passées tantôt à protéger devant les tribunaux civils les intérêts et la fortune des justiciables, tantôt leur honneur et leur vie devant les juridictions criminelles. Je sais les rudes combats que se livrent le cœur et la raison lorsqu'on se lève, à cette barre, pour solliciter vos pitiés. Je sais que pour être soutenu, en pareil cas, dans ce noble patronage, il faut que le cœur ait ses droits, qu'il trouve des accents émouvants; et si mes sympathies pouvaient peser sur mon devoir, j'hésiterais à réagir. Mais, Messieurs, il est une barrière qui devrait être sacrée; le défenseur, au début de chaque procès criminel, s'engage à ne rien dire contre le respect dû aux lois. Involontairement, je suppose, Me Mathieu, dont les doctrines sont si réservées, si sages d'ordinaire, a oublié cette règle professionnelle et Me Séc s'en est affranchi comme lui.

Sous prétexte de réclamer des circonstances atténuantes, le défenseur de Joseph Steinkampf, employant ce procédé de Cour d'assises, que je pourrais appeler, sans être trop sévère, une attaque à la loi, par introduction clandestine, a dénaturé la portée et le but de la législation pénale de 1832. Il en est successivement arrivé à vous dire que l'article 463 vous constituait omnipotents, même vis-à-vis de la peine de mort et que vous aviez droit absolu, vous plaçant au-dessus des lois, de repousser par vos verdicts cette pénalité suprême, si elle répugnait à vos doctrines. Et s'animant à la poursuite des impressions qu'ils cherchaient à produire, en raison directe des sentiments de protection dont ils sont animés pour leurs clients, MM. les défenseurs, tout en promettant de s'incliner devant les lois qui nous commandent tous, en sont venus d'abord à mettre en doute, ensuite à nier, en quelque sorte, la légitimité et conséquemment l'obligation de la loi pénale qui régit la matière. Invoquant dans une revue tour-à-tour rétrospective et contemporaine les écrivains qu'ils appellent des philantropès, ils ont cité et discuté à l'appui de leurs théories, Beccaria, Lamartine, Victor Hugo, et notre voisin Mittermayer.

Plus spécialement M⁰ Sée, conseil d'Anne-Marie Steinkampf, qui adoptait d'ailleurs le système de son confrère, s'est-il encouragé de ce qu'il appelait le bon exemple des États libéraux : il vous a exhortés à ne pas rester au-dessous du mouvement humanitaire qui emporte et élève l'Europe. Enfin, Messieurs, à l'aide de tous les moyens propres à flatter le penchant que nous avons tous pour une souveraineté idéale qui résiderait en nous-mêmes et nous poserait, en esprits forts, au-dessus des règles établies, on vous a poussés à protester contre la loi au nom de laquelle vous avez juré de siéger sur ces bancs.

Je pourrais ne pas répondre à ces entreprises téméraires : M. le Président de la Cour d'assises aurait eu le droit d'interdire aux défenseurs une thèse contraire à votre propre institution et directement contraire à la loi : mais, Messieurs, vous l'aurez déjà compris, lorsque de pareilles choses ont été insinuées d'abord et bientôt jetées aux débats, si le Président de la Cour retire la parole aux défenseurs, ou plutôt leur enjoint de rentrer dans le cercle de la défense, on peut prétendre qu'on a manqué de liberté dans une affaire capitale ; une certaine inquiétude se répand sur certaines consciences. Très-probablement ces motifs ont déterminé l'honorable Président de l'assise. Il n'en est pas moins vrai qu'il est extrêmement désirable qu'à l'avenir MM. les défenseurs s'enveloppent dans leur mandat ou qu'on les y ramène. Les limites en sont assez larges pour qu'ils puissent, sans offenser la loi, s'y inspirer traditionnellement des plus puissants moyens d'action sur la raison et sur le cœur.

J'en suis donc réduit, rôle étrange, à combattre ce qui n'est pas le procès et à repousser de cette enceinte une espèce de force auxiliaire que la défense a indûment appelée au secours de ses perplexités. Je vais le faire le plus sommairement possible, en vous adjurant, avant tout, de n'apprécier que le crime de parricide, la culpabilité des accusés, et de ne pas vous laisser impressionner ou envahir par des théories de circonstance.

Mieux que moi vous savez qu'en matière de circonstances atténuantes, vous n'êtes omnipotents que dans le domaine de votre conscience et des lois; que sur ce point, comme sur tous les autres, votre serment vous oblige et que vous ne devez vous décider « qu'avec l'impartialité et la fermeté qui «conviennent à un homme propre et libre.» N'oubliez jamais cette admirable formule de vos devoirs et de vos droits; cette formule résume votre institution toute entière dans sa fierté, dans sa religieuse liberté, et par suite dans son union indissoluble avec la vérité des faits, avec le respect de la loi : Demandez-vous s'il est possible, sans violer les principes supérieurs qui régissent la société, sans fouler aux pieds les vérités acquises aux débats, sans nier contre toute évidence l'énormité du crime, la perversité des agents, sans blesser la conscience publique justement éveillée autour de ce procès, sans abjurer votre propre raison, votre conscience intime, s'il est possible, dis-je, de reconnaître qu'il existe des circonstances atténuantes en faveur du fils qui a tué sa mère pour dévorer un lambeau d'héritage, de la femme qui a été sa complice et du sicaire qui s'est tranquillement associé à cette œuvre de parricide.

Je borne là ces considérations sur la théorie en elle-même des circonstances atténuantes; je craindrais de me répéter. Dans le procès Gigax, Wolff et Rueff, de Strasbourg, les mêmes thèses furent soutenues par la défense; j'y répondis nettement, et vos collègues du Bas-Rhin ne furent ni troublés, ni émus par les digressions prétendues humanitaires que MM. les Conseils avaient pu développer devant eux. Les journaux de l'Alsace que vous recevez, chaque matin, ont reproduit tous ces débats très-peu essentiels d'ailleurs au fond du procès criminel : vous m'approuverez donc de passer outre, et de réfuter en quelques mots, les doctrines plus accentuées, qu'ici, comme à Strasbourg, on est parvenu à conduire jusqu'au pied de vos siéges.

Rien n'est nouveau, Messieurs, dans la lutte des hommes; l'humanité ne change pas; à tous les temps, à toutes les époques on peut la diviser en deux vastes catégories : esprits fermes, esprits vagues. Si j'avais l'honneur de porter la parole devant le Corps législatif; si, ce qu'à Dieu ne plaise, le sort d'une loi douloureuse autant que nécessaire était mis en question, je trouverais, je crois, dans ma raison, dans mon patriotisme, dans les enseignements de l'histoire de tous les peuples, des accents de nature à toucher le législateur et à faire repousser une innovation périlleuse.

Ici, Messieurs, ne le perdons jamais de vue, vous êtes une magistrature temporaire, constituée non pour la révision, mais pour l'application des lois : vous n'avez pas à vous préoccuper des suites pénales de votre verdict. Cette mission rentre dans les attributions sévères de la Cour. Ce que la loi vous demande, c'est de ne pas altérer vos réponses par la crainte d'un arrêt concordant de la Cour. Je serais donc fondé à ne pas insister davantage et l'argumentation de la défense se trouverait implicitement renversée ; mais la législation qui nous rassemble tous dans cette enceinte, jurés, défenseurs, Cour d'assises, ministère public, afin de juger trois grands coupables, n'a rien à redouter des écrivains, criminalistes d'occasion, ou de tout ce que l'on est convenu d'appeler les théoriciens philantropes. Pour la millième fois peut-être le nom de Beccaria vient d'être jeté dans l'arène de la Cour d'assises. Beccaria, je le confesse, se demandait si l'on ne pourrait pas abolir le châtiment suprême et avec la généreuse ardeur de ses vingt-cinq ans, il développait cette opinion dans son traité *Des délits et des peines*. S'enivrant un peu de sa propre parole, comme tous ceux qui écrivent beaucoup ou qui parlent longtemps, Beccaria arrivait à contester à la société le droit d'édicter la peine de mort. «Doit-on supposer, disait-il, que dans le sacrifice que chacun a fait » d'une petite partie de sa liberté pour assurer la souveraineté » des lois, il ait pu risquer son existence, le plus précieux de » tous les biens?« Ce à quoi un autre philosophe qu'on a omis de vous citer, et qui ne passait pas précisément pour rétrograde, Diderot répondait : «C'est parce que la vie est le »plus grand des biens que chacun a consenti que la société eût »le droit de l'ôter à celui qui l'ôterait aux autres. Personne »sans doute, n'a voulu donner à la société le droit de lui ôter »la vie à tout propos ; mais chacun occupé de conserver la »sienne et aucun ne prévoyant, pour lui-même, la volonté qu'il »n'avait pas alors d'attenter à celle d'autrui, tous n'ont vu »que l'avantage de la peine de mort pour la sûreté, la

»défense et la vindicte publique, » L'encyclopédiste Diderot, admettait, sans réticence, la légitimité de la peine de mort : dans sa philantropie, seulement, il en discutait la nécessité, et par là il se rapprochait de Beccaria dont le programme de *peine perpétuelle* était, vous allez le voir, d'une douceur fort contestable. Beccarria, ce doux philantrope, résumait ainsi l'efficacité de l'esclavage perpétuel et du régime qu'il lui fallait imposer : «Les désespérés, fatigués de la vie, écrivait-il, si j'ai bonne »mémoire, regardent la mort comme un moyen de se délivrer »de leurs misères ; mais le *fanatisme* et *la vanité* s'évanouissent »*dans les chaînes, sous les coups, au milieu des barreaux de fer.* »Le désespoir ne termine pas leurs maux : il les commence.»

Que vous semble, Messieurs, de cette substitution philantropique à la peine de mort, de ces barreaux de fer, de ces tortures, de ces coups qui déchirent l'éternel supplicié ? Combien le cœur humain doit gagner à la vue de ces tableaux, combien le repentir y trouverait son compte, et comme cette existence de damné peut beaucoup profiter à la rédemption des coupables, à l'exemplarité des peines !

Que voulez-vous d'ailleurs que le procès actuel, que l'individualité sanguinaire et grossière de Charles Haas, de Joseph et d'Anne-Marie Steinkampf, aient à démêler avec les théories du penseur italien, avec le *fanatisme*, la *vanité* qui s'évanouissent dans les chaînes ! Ce sont là de grands mots vides de sens pour les coupables qui m'entendent et fort heureusement ne me comprennent pas. Cette inapplicabilité des théories de cabinet aux réalités de la vie est un des nombreux inconvénients qui frappent les hommes pratiques : les trois accusés n'ont ni vanité ni fanatisme. Ils sont sensuels, féroces, voilà tout.

Etrange bizarrerie de l'écrivain Beccaria ! Il tendait à abolir le châtiment suprême pour les crimes de droit commun et, ce qu'on a négligé de vous apprendre, il en maintenait la rigueur nécessaire pour les crimes d'ordre politique. Avait-il même des doctrines bien nettes sur la question qui nous occupe ? Je ne veux pas opposer à MM. les défenseurs le jugement de leur confrère, l'avocat Linguet, contemporain du marquis de Beccaria ; s'il était vrai toutefois, ainsi que le prétend le spirituel et mordant auteur des *Annales*, qu'un certain bandit Sartorello, ayant détroussé dans les Calabres un ami de Beccaria, le doux philosophe ait pressé les juges de le soumettre à la question et de le broyer sous la roue, il faudrait convenir qu'à toutes les époques, MM. les philantropes se gênent assez peu pour concilier le précepte et l'exemple.

De Lamartine, dont on a invoqué les doctrines, vous ne vous attendez pas que je parle longtemps ; si nous étions dans une enceinte littéraire et qu'il me fût départi le grand honneur de discourir de ce charmant poëte, j'évoquerais, comme un chant de reconnaissance, tous les bonheurs que je lui dois, mes plus frais souvenirs de jeune homme et ces tendresses ineffables que respirent les MÉDITATIONS, les HARMONIES, véritables monuments de sa gloire ; mais nous traitons d'intérêts sociaux dans une enceinte juridique, et permettez-moi de récuser, à ce point de vue, la compétence du poëte. Ame tendre, cœur élevé, qu'aucune amertume n'irrite, je sais bien que Lamartine est aimant, mais je ne crois pas qu'il s'entende à gouverner les hommes, à décider de la police des Etats. Ses aspirations l'enlèvent au-delà du monde réel : il n'en saurait voir les passions terre-à-terre, et sa vie même l'a prouvé. C'est un de nos hommes illustres, et je ne veux pas oublier que ses épreuves, son infortune sont montées au niveau de sa gloire; je ne vous rappellerai donc pas le mal qu'à son insu ont déchaîné ses théories plus ou moins philantropiques, l'abîme où il a failli plonger la société, ses magnifiques efforts pour suspendre la catastrophe ; je me bornerai à vous dire, et vous me croirez sans insistance, qu'il n'y a dans Lamartine ni l'étoffe pratique d'un Lycurgue, ni celle d'un Solon. Assurément si la France était peuplée de Lamartines, pourrions-nous sans danger abolir la peine de mort : mais l'expression même d'un tel vœu constituerait une utopie conditionnelle.

Dieu me gardera bien de confondre Lamartine avec Victor Hugo. Il est des philantropes de bonne foi, dont les doctrines peuvent être funestes, mais que nous devons combattre avec égard et quelque fois avec respect. Il existe des philantropes d'école, dont le but est de faire du bruit, d'agiter le monde, de spéculer sur les passions mauvaises, et ceux-là il les faut écarter, sans façon, de l'enceinte des lois, d'une réunion d'hommes sérieux. Comment voulez-vous que je sois sympathique aux élucubrations du poëte Victor Hugo ? Il parle de philantropie, et il n'agit qu'avec malveillance. Dans ce cœur volontairement ulcéré, je n'aperçois pas une fibre de fraternité véritable. Esprit superbe, il s'attache lui-même, afin d'être vu de plus loin, au rocher de l'exil, comme le Satan de l'Orgueil! Il joue au Titan révolté et lance ses carreaux contre tout ce qui dépasse la foule ! Il abandonne sa patrie et lui envoie, pour entretenir des rapports avec elle, des théories qu'on introduit ici sans trop oser nommément les défendre : c'est ce livre des *Misérables,* auquel on a fait allusion. Victor Hugo, vous le savez, Messieurs, imagine des lois impossibles, des pénalités absurdes, des juges, des jurés plus absurdes encore, afin de faire dans ce livre, d'un voleur un martyr, d'une prostituée une sainte, de la Société un bourreau. S'il a voulu surexciter l'envie qui gronde au cœur des misérables, s'il a voulu développer les passions sensualistes, jeter du fiel sur les mauvais instincts des masses, au lieu de les relever par les nobles côtés ; s'il a voulu intéresser à son œuvre les esprits chagrins ou partisans du paradoxe et faire acte d'opposition sociale, comme il fait chaque jour, avec la mesure que vous savez, acte d'opposition politique, il a merveilleusement réussi. Il a même, en supposant qu'il ne dédaigne pas ces résultats vulgaires, réalisé une excellente affaire de librairie. Mais au prix de quelles pestilences, grand Dieu! De quels ferments empoisonnés répandus dans des milliers d'âmes! Non, vous ne voudrez pas recevoir d'un pareil homme des leçons de droit criminel, et quand il viendra vous dire, au nom de Dieu, que la Société se rend coupable d'homicide lorsqu'elle prononce un châtiment suprême, vous penserez avec moi, sans blesser la charité chrétienne, que Victor Hugo ne porte aucun des signes dont sont marqués au front les vrais missionnaires de Dieu.

Vous vous rappellerez les précédents peu rassurants de ce prédicateur de mansuétude. Nous voulons, tous sans doute, faire la part des hallucinations de sa vanité diabolique, de l'espèce de rage qui s'est emparée de lui, lorsqu'il a compris que ce noble pays de France, sans se préoccuper de ses déclamations, ni de celles de ses amis, confiait résolument ses destinées au Prince qui les a si glorieusement conduites. Mais cependant nous ne saurions entièrement oublier.

Le calme, l'impartialité, la bienveillance ou la sévérité égale, impersonnelle, qui, réunies, constituent le législateur, pourraient-elles jamais se rencontrer au cœur, à l'âme, en l'esprit du tribun qui, donnant le pas à ses impuissantes colères sur les manifestations patriotiques d'un grand peuple, écrivait, imprimant ainsi à sa pensée la forme la plus réfléchie, écrivait, dis-je, «qu'il fallait enfermer dans un cercle de fer et de «plomb, tous les vendus, tous ceux qui avaient prêté serment ; «purger, une bonne fois, la France de tous les brigands qu'elle nourrit et qui la rongent.» (1) Refaire en grand les journées de septembre !

Pourriez-vous croire à la philantropie de l'homme qui, par de tels excès, déshonore sa gloire littéraire, rend odieuse sa personnalité politique ; de celui qui, pour précipiter une partie de la Nation contre l'autre, invoquait les souvenirs funèbres qu'on voudrait pouvoir arracher de l'histoire de notre révolution, et terminait par ce dernier appel aux mécontens, aux socialistes : «Préparez le chanvre vengeur !»

Il m'est permis de douter de la sincérité de M. Victor Hugo, lorsqu'après de pareilles excitations, et elles ne sont pas les seules qui pèseront sur sa mémoire, il vient, en vue d'énerver votre justice et d'affaiblir la société, professer le dogme absolu de l'inviolabilité de la vie humaine. N'avez-vous pas le droit

(1) *Moniteur universel* du 15 novembre 1852. — *Proclamation de Victor Hugo.*

de lui répondre que cette inviolabilité, il s'en soucie pour les honnêtes gens, il l'abroge pour ses adversaires et la réserve aux assassins.

A Mᵉ Sée, défenseur d'Anne-Marie Steinkampf, qui reprochait à la France sur ce grave sujet, d'être en arrière des nations libérales, je ne dirai qu'un mot. A-t-il voulu parler de l'Angleterre qu'on nous oppose souvent, d'un certain côté de l'opinion? Les théories prétendues libérales, les marchandises philantropiques, l'Angleterre les exporte très-volontiers : elle les jette, à pleines mains, sur les nations du continent et l'histoire nous apprend que la stabilité des sociétés, la force des gouvernements, les progrès de l'industrie et du commerce ne gagnent pas toujours à cette importation anglaise. Ajoutons, à la louange de ce peuple éminemment pratique, que, pour lui, il n'abuse pas des procédés qu'il s'efforce d'acclimater chez les autres. Il vous souvient, Messieurs, qu'il y a deux mois à peine, vous lisiez dans tous vos journaux ce récit, d'un laconisme britannique: «Sept marins espagnols avaient porté une main homicide sur un capitaine de navire marchand et sur son second appartenant à la nation anglaise. Le jury de Londres les a jugés et quarante-huit heures après le verdict, on les pendait tous les sept sur la place publique.» Voilà, pour nos voisins, l'abolition de la peine de mort : voilà bien le génie anglais : sept condamnés et sept exécutés. En pareil cas, le Souverain qui personnifie si bien le génie et le cœur de la France, aurait probablement étendu sa miséricorde sur quelques-uns des moins coupables. N'importe, il est admis, en langage de cours d'assises, que les Anglais sont philantropes et que nous sommes trop sévères.

La Suisse, qui nous environne, avait dans les cantons de Fribourg et, si je ne me trompe, de Schaffhouse, aboli la peine capitale. On lui promettait l'âge d'or : on lui disait, ainsi qu'à vous, que les assassins désarmeraient quand la loi aurait désarmé, que les plus féroces natures seraient envahies par la douceur des mœurs législatives. Hélas! Messieurs, il n'en fut rien ; les crimes montèrent au contraire : ils devinrent plus nombreux et plus graves devant une demi-impunité, et les cantons de Fribourg et de Schaffhouse se sont empressés de rétablir, afin de l'appliquer aux assassins, la seule pénalité qu'ils redoutent. Vainement, en présence de cette expérimentation lamentable, les philantropes allemands patronnés par Victor Hugo sont-ils allés demander aux républiques de Genève et de Berne d'avoir foi en la reconnaissance des sicaires, au repentir des parricides et d'abolir la suprême expiation ; les Genevois et les Bernois ont maintenu le droit pénible et nécessaire de protéger leur société. Le Grand Conseil lui-même, à la presque unanimité, vient de rejeter l'utopie.

Il est vrai qu'un de MM. les défenseurs, analysant la brochure de Mittermayer, nous a déclaré, d'après ce professeur célèbre, que deux ou trois tribus des Hurons ou des Mohicans, métamorphosées par la douce civilisation des Yankées, avaient expulsé de leurs Codes primitifs le droit de condamner à mort ; que depuis cette époque Hurons et Mohicans vivaient dans un état de charité parfaite et que les personnes y étaient respectées, avec raison, comme le bien le plus précieux. Je ne puis vérifier, Messieurs, la portée de cette citation ; il y a bien loin de votre Alsace aux petits États de Visconlin et de Rhode-

Island ; s'il m'est permis toutefois de juger des civilisés par les mœurs des civilisateurs, je pourrais conserver quelque doute et appréhender que l'Amérique, où la loi du Lynck est populaire, ne réserve quelque déception à la philantropie de Mitter-mayer. L'on s'est beaucoup appuyé sur les opinions de ce jurisconsulte : je n'ai pas besoin de vous dire la haute estime que j'ai pour Mittermayer : infatigable soldat de la science, il enseigne à tous ceux qui sont jeunes encore qu'avec ses quatre-vingts ans, son ardeur ne fait que s'accroître, comme si voyant le soir venir, il voulait achever sa moisson. Mais, enfin, il n'est pas hors de propos de vous apprendre que ces doctrines chez Mittermayer sont nées d'hier. Pendant soixante-quinze ans, il a pensé ce que nous pensons, affirmé ce que nous affirmons, et ce matin encore un des nombreux amis qui vont le visiter de l'autre côté du Rhin, me disait que le docteur Mittermayer reconnaissait lui-même franchement combien, au sujet de la peine de mort, ses modifications étaient récentes. Qui donc avait raison, de Mittermayer s'inclinant, avec sa virilité puissante, devant la légitimité, la nécessité du châtiment suprême, ou du philosophe octogénaire, la pensée au seuil de l'infini, communiant déjà avec un monde immatériel et perdant de vue, dans sa bonté sereine, les cruelles épreuves de la terre ?

Je n'ai lu qu'incomplétement la dissertation de Mittermayer sur la peine de mort, parce qu'elle est écrite en langue allemande ; elle ne m'a paru n'apporter au secours de la thèse aucun argument nouveau. Notre voisin d'Heidelberg oubliant la différence pro-fonde qui existe entre les raisons permanentes de décréter la peine de mort contre les assassins et l'état relatif des mœurs, qui, exagérant ce châtiment, l'avait antérieurement appliqué à d'autres crimes, se fait une arme de ce que certaines infractions relevant de la catégorie générale des faux, n'ont pas augmenté depuis que la pénalité de nos Codes a été ramenée à des proportions plus exactes. Si Mittermayer avait réfléchi que ces dispositions excessives furent tolérées dans nos Codes de 1810, plutôt en souvenir du passé, ou comme réminiscence des désordres qui, sous le Directoire, avaient mis en danger la fortune publique, que comme une expression des temps modernes, il aurait détaché, par la pensée, ces imperfections du beau travail de nos législateurs et n'en aurait que plus fortement approuvé ce qui était vraiment leur œuvre, l'esprit des temps où nous vivons et la consécration des vrais principes. Si enfin l'écrivain allemand avait suivi notre jurisprudence depuis 1810 jusqu'à l'abrogation des textes dont il parle, il aurait vu que la magistrature, usant, avec sagesse, des nombreux moyens de qualification que permettaient les lois mêmes, dont il argumente, avait dans la pratique, réduit les poursuites et conséquemment les répressions criminelles à la mesure que comportait la nature spéciale de ces crimes. Son argumentation reste donc sans effet.

Cet ordre d'idées m'est pénible: il est si contraire à l'institution des Cours d'assises qu'il ne faut rien moins pour me décider à le poursuivre que la crainte de paraître abandonner la loi, qui a été véritablement outragée. Voyez d'ailleurs où nous mèneraient ces excès de parole! A être barbares envers les accusés dont on ne doit jamais aggraver inutilement les douleurs. Depuis une heure, ces commentaires sur la peine de mort sonneraient, comme un glas funèbre, aux oreilles de ces trois coupables, si heureusement pour eux et plus encore pour nous, ils n'étaient pas dans l'impossibilité de comprendre un seul mot de la langue que nous parlons: leur idiome alsacien les emprisonne et les protège.

Je vais donc, pour en finir, repousser les derniers efforts de M⁺ Sée ou l'adhésion aux théories de son confrère. Moins que tout autre peut-être l'honorable défenseur était fondé dans ses résistances. Il appartient, par ses origines religieuses, à l'histoire d'un peuple qui respecte profondément les lois. La société juive était si fortement constituée, si révérées furent ses lois, si profond leur enseignement que même, après des milliers d'années de dispersion, les enfants d'Israël conservent l'empreinte première de leur patrie juridique. Il n'est pas seulement de courtoisie de penser que Mᶜ Sée connait la législation hébraïque: j'ai la conviction qu'il s'est fait un devoir d'en méditer les dogmes. Moi aussi, Messieurs, j'ai étudié dans les livres sacrés, la législation de la Judée; j'ai été frappé de sa sagesse et de sa divine inspiration. J'y ai retrouvé sans classification particulière, mais distribués au milieu des autres besoins sociaux, les préceptes des lois pénales qui régissaient le peuple juif. Partout, Messieurs, la société israëlite y consacre son droit à édicter la peine de mort contre les grands criminels et le jury hébreu siégeant aux portes de la ville, ainsi que vous siégez dans cette enceinte, déclarait à la fois la culpabilité et ordonnait le supplice des assassins. La lapidation, la flagellation indéfiniment prolongée, étaient le mode des exécutions habituelles : Le crucifiement s'y introduisit, d'importation romaine, et par un sentiment de respect pour la dissidence des cultes, je ne m'expliquerai pas ici sur l'usage qu'en firent les Juifs. Sous l'ancienne loi, cette loi dictée à Moïse par Dieu lui-même sur le mont Sinaï, le Code pénal des Hébreux statuait donc exactement comme nos Codes.

Avec la loi nouvelle rien n'a été changé pour le monde moderne, et à Victor Hugo, qui se fait le prophète de Dieu, j'opposerais, en citant leur doctrine, s'il ne me répugnait d'entrer dans cette voie, St.-Paul, St.-Augustin, d'assez bons chrétiens, j'imagine, et quelque peu intelligents des choses du Ciel et de la terre. Mais en restant dans le cercle des publicistes et des penseurs français, je crois que Victor Hugo ne saurait être blessé de se voir combattu par Pascal, l'illustre auteur des *Provinciales*. Celui-là, Messieurs, était un ferme chrétien, un libéral sincère, un défenseur intrépide de l'inviolabilité de la vie humaine, un homme qui illustrait son siècle ; et cependant sur la nécessité du châtiment suprême, Pascal s'exprimait ainsi, si mes souvenirs sont fidèles : «Parce qu'il a plu à la providence »de Dieu de conserver les sociétés des hommes et de punir les »méchants qui les troublent, il a établi lui-même des lois pour »ôter la vie aux criminels ; et ainsi ces meurtres qui seraient »des attentats punissables sans son ordre, deviennent des puni- »tions louables par son ordre hors duquel il n'y a rien que d'in- »juste.» (1) Quelques années plus tard, Montesquieu, que j'engage MM. les défenseurs à relire, considérant, avec raison, l'assassinat comme un attentat contre la sécurité sociale dans la personne d'un des membres de la Cité, disait qu'il en résultait, pour la société, un état de légitime défense et concluait, en ces termes, à l'occasion du châtiment suprême : «Cette peine est tirée de la

(1) Quatorzième *Provinciale*.

»nature de la chose , puisée dans la raison et dans les sources
»du bien et du mal. Un citoyen mérite la mort lorsqu'il a violé
»la sûreté au point qu'il a ôté la vie ou qu'il a entrepris de
»l'ôter.» (1)

J'espère, MM. les jurés, puisqu'on nous a forcé à ces digressions regrettables, qu'avec votre raison ferme vous seriez édifiés
sur la valeur des arguments qu'on nous oppose, si vos consciences et votre religion ne vous avaient déjà fait un devoir
invincible, quelles que puissent être vos impressions privées,
de respecter et de faire appliquer la loi qui vous oblige, au
lieu de vous en constituer les censeurs.

Si nous avons été sévères envers ces faux philantropes qui
égarent les sociétés, c'est en raison directe de notre grand
amour pour l'homme : les vrais philantropes, les vrais bien-
faiteurs de leurs frères, ceux-là, nous les bénissons, qu'ils
fassent avancer une idée salutaire ou qu'ils dotent le monde
d'une amélioration matérielle. Celui qui, à la fin du xvie et
durant la première moitié du xviie siècle, réveillait en France
l'esprit de charité, recueillait, pour en faire des hommes, les
petits enfants abandonnés, instituait ces admirables sœurs qui
sont partout la consolation de ceux qui souffrent, Vincent de
Paul était un philantrope et ne faisait pas d'articles de journal.
Parmentier nous apportait la pomme de terre ; ce second pain
du pauvre, ce besoin ou ce luxe de la table des riches et ne
demandait pas le prix Monthyon. Voilà de vrais philantropes,
et je ne saurais donner ce nom à ceux qui, à l'instar du poète
Victor Hugo, semblent n'avoir d'entrailles que pour les assassins

(1) *Esprit des Lois.* Livre XII, chap. VIY.

et tendraient à renverser la barrière qui nous garantit de leurs fureurs.

Rentrez donc, Messieurs les jurés, exclusivement dans la cause à juger; ne vous préoccupez que des faits du procès, des enseignements de vos raisons, des nécessités de vos consciences. Demandez-vous s'il est possible que des hommes tels que ceux qui comparaissent sur ces bancs, ou leurs pareils dans les bas-fonds sociaux, soient accessibles à d'autre intimidation qu'à celle de la loi actuelle ; si le frein de la honte et les aiguillons du remords auraient prise sur ces natures; s'il est, pour arrêter leurs sauvages passions ou pour en rendre, au moins, les manifestations plus rares, un autre moyen que la crainte du châtiment suprême. Pesez bien, Messieurs, ces considérations : rappelez-vous toujours que vous ne devez pas perdre de vue la loi présente et que les sociétés ne sont fortes que par le respect de leurs lois.

Emporté par le sentiment de ma mission, je n'ai pas ménagé mes forces en vous parlant, pas assez peut-être : je le sens. Et cependant, Messieurs, quel intérêt direct puis-je avoir à vous convaincre qui ne soit pas dominé chez vous par un intérêt supérieur? Je suis lié à ce siége par les attaches du devoir, attaches saintes sans doute, mais qui nous sont communes à tous. Le berceau de mes enfants, les tombeaux de mes pères ne sont pas au milieu de vous. Je vous parle au nom de l'Alsace, dont vous devez avoir un religieux souci: croyez-moi, il serait imprudent de désarmer la société quand le crime ne désarme pas; et si j'ai dû vous démontrer qu'en regard des côtés attachants du Haut-Rhin, il y a des côtés défectueux dans le nombre, par exemple, dans la gravité des attentats qui s'y commettent, le moment serait mal choisi pour affaiblir votre verdict. A ce petit groupe d'hommes dangereux et toujours prêts au meurtre, dont l'intimidation retient, parfois, le bras, vous laisseriez croire, en effet, que la peine de mort est abolie, si vous ne permettiez pas à la Cour de l'appliquer au parricide. Votre responsabilité serait terrible.

Sans autre secours que l'inspiration de vos natures droites, appréciez et jugez le crime dont les accusés sont coupables. Je ne veux faire parler que ma raison et je dois maitriser les douloureux sentiments qui m'oppressent. Mais enfin la raison fait-elle obstacle à l'appréciation d'un tel crime ? ne vient-elle pas plutôt en fortifier la répression ? Comment! un homme est devant vous, qui a déchiré le sein qui l'a porté, et, en le regardant, vous trouveriez matière à indulgence pour lui et pour ses complices! Ah! Messieurs, il faudrait oublier le rôle divin de la maternité et les plus simples notions de la piété filiale. Nous nous incarnons dans nos mères; nos entrailles sont liées à leurs entrailles; notre cœur est formé de leur cœur; c'est plus que la vie que la mère donne à son fils; elle l'a bercé dans ses flancs avant de le bercer sous le regard des hommes et de l'abreuver de son lait : une intimité mystérieuse existe entre ces deux êtres qui semblent les deux parties d'un même tout; et cette œuvre de Dieu, cette harmonie divine seraient brisées par un assassinat, sans que le fils assassin fût puni des dernières rigueurs! Oh! non, Messieurs, vous ne donnerez pas à l'Alsace, à la France, ce désolant spectacle : vous repousserez, comme une impiété, les circonstances atténuantes : je vous le demande au nom de toutes les mères, au nom des vôtres, et surtout, au nom de la loi.